Hourra! Tout un plat!

Sophie Morissette

Illustrations : Gabrielle Grimard

Directrice de collection : Denise Gaouette

MINI
Rat de bibliothèque

Éditrice
Johanne Tremblay

Réviseure linguistique
Nicole Côté

Directrice artistique
Hélène Cousineau

Couverture
Isabel Lafleur

**Conception graphique
et édition électronique**
Isabel Lafleur

Dépôt légal – Bibliothèque et Archives nationales du Québec, 2008
Dépôt légal – Bibliothèque et Archives Canada, 2008

Imprimé au Canada   1234567890 EMP 098
                           11404 ABCD   PSM16

Catalogage avant publication de Bibliothèque et Archives
nationales du Québec et Bibliothèque et Archives Canada

Morissette, Sophie
   Hourra ! Tout un plat !
   (MINI Rat de bibliothèque ; 12)
   Pour enfants de 4 à 6 ans.

   ISBN 978-2-7613-2389-5

   I. Grimard, Gabrielle. II. Titre.
   III. Collection: MINI Rat de bibliothèque (Saint-Laurent, Québec).

PS8626.O753H68 2008   jC843'.6   C2007-942011-7
PS9626.O753H68 2008

Papa prépare un spaghetti.

Papa coupe une <u>carotte</u>.

Papa coupe une <u>tomate</u>.

Mon ami sonne à la porte.

Papa invite mon ami à manger.

Papa ajoute un oignon.

Papa ajoute du <u>céleri</u>.

Mon oncle sonne à la porte.

Papa invite mon oncle à manger.

Papa ajoute un poireau.

Papa ajoute un <u>poivron</u>.

Maman arrive à la maison...

... avec son équipe de soccer.

Papa ajoute beaucoup
de sauce aux tomates.